Gewidmet meinem Bruder Dirk

Meine

Beisetzung
Bestattungsverfügung

Eine Checkliste von Martin Höh

*Bibliografische Information der Deutschen Nationalbibliothek:
Die Deutsche Nationalbibliothek verzeichnet diese Publikation in der
Deutschen Nationalbibliografie; detaillierte bibliografische Daten
sind im Internet über http://dnb.dnb.de abrufbar.*

*Herstellung und Verlag: BoD – Books on Demand, Norderstedt
ISBN: 978-3-7519-8918-3
1. Auflage - Version: 20.2*

Inhaltsverzeichnis

Hinweis

Wenn Du dich mit dem Gedanken der Selbsttötung beschäftigst, sprich mit der Telefonseelsorge; telefonisch unter der Rufnummer 0800 1110111 oder 0800 1110222, per Mail oder Chat unter www.telefonseelsorge.de erreichbar. Und in einigen Städten vor Ort kannst du mit versierten Seelsorger*innen und Berater*innen über Auswege sprechen.

Einleitung

Im Mai 2013 ist mein Bruder Dirk im Alter von 54 Jahren verstorben. Wir Geschwister standen plötzlich vor der Aufgabe, die Beisetzung für unseren Bruder zu regeln. Leider hatte mein Bruder nur wenige, fast gar keine Informationen und Wünsche benannt, wie er sich seine Beisetzung wünscht. Wir konnten nur erahnen, was ihm wohl gefallen könnte.

Damit meine Angehörigen bei meiner Beisetzung nicht genauso ratlos dastehen sollten, wollte ich meine Wünsche und Vorstellungen schriftlich niederschreiben. Aus dieser Idee ist diese Checkliste entstanden, wodurch nun jeder die Möglichkeit hat, seinen Angehörigen und Freunden die Wünsche und Vorstellungen zur eigenen Beisetzung mitzuteilen.

Das Buch gliedert sich in verschiedene Themengebiete. Es gibt Felder, in die Text eingetragen wird und es gibt Auswahlfelder, die durch ein Kreuz in einem Kästchen markiert werden.

Es muss nicht alles ausgefüllt werden. Wenn du für bestimmte Bereiche keinen besonderen Wunsch hast, dann lass die entsprechenden Felder einfach frei. Deine Angehörigen oder Freunde werden in diesem Fall selbst entscheiden, was zu tun ist. Je detaillierter du jedoch deine Wünsche aufschreibst, umso einfacher ist es für denjenigen, der sich um deine Beisetzung kümmern wird.

Martin Höh   August 2020

Meine Person

Vornamen   _____

Nachname   _____

Geburtsname   _____

Geburtstag   _____

Geburtsort   _____

Straße, Hausnummer   _____

Postleitzahl, Ort   _____

Mutter   _____

Vater   _____

Geschwister   _____

_____

_____

Konfession   _____

Familienstand

☐   ledig

☐   verheiratet mit   _____

☐   verpartnert mit   _____

☐   geschieden

☐   verwitwet

☐   _____

Erklärung

Dieses Buch gebe ich zur Verwahrung an

_____

(Vor- und Nachname der Vertrauensperson hier eintragen)

mit der Bitte, dass alle an meiner Beisetzung beteiligten Personen meine, in diesem Buch genannten Wünsche respektieren und, soweit möglich, erfüllen. Sie mögen die von mir auf der folgenden Seite zur Totenfürsorge benannte Person bei der Abwicklung respektvoll unterstützen.

Weitere Grüße und Hinweise:

_____

_____

_____

_____

_____

_____

_____

Ort, Datum   Meine Unterschrift

Zeuge (falls vorhanden):

Name: _____

_____

Ort, Datum   Unterschrift des Zeugen

Allgemeines

In der Adressenliste am Ende des Buches, habe ich alle Personen aufgelistet, die unverzüglich über meinen Tod benachrichtigt werden sollen.

Die Totenfürsorge habe ich an folgende Person übertragen. Diese Person möchte sich bitte um meine Bestattung kümmern.

Name   _____

Straße, Hausnummer   _____

Postleitzahl, Ort   _____

Telefon   _____

E-Mail   _____

Anmerkung   _____

_____

_____

☐   Ich habe eine zusätzliche Vollmacht hier hinterlegt:

_____

_____

☐   Ich habe eine Sterbegeld-Versicherung abgeschlossen.
    Die Unterlagen sind hier zu finden:

_____

_____

Ich wünsche eine

☐ katholische Beisetzung

☐ evangelische Beisetzung

☐ konfessionslose Beisetzung

☐ _____

Ich möchte für eine Abschiednahme

☐ aufgebahrt werden

☐ nicht aufgebahrt werden

Wenn ja, möchte ich hier aufgebahrt werden:

_____

_____

(zum Beispiel: Bestattungsinstitut, Zuhause etc.)

☐ Jeder darf während der Aufbahrung Abschied nehmen

☐ Nur engste Familienmitglieder und Freunde dürfen während der Aufbahrung Abschied nehmen.

Das Bestattungshaus meines Vertrauens:

Name _____

Straße, Hausnummer _____

Postleitzahl, Ort _____

Telefon _____

Ansprechpartner _____

Testament

☐ Ich habe ein Testament verfasst.

Das Testament wurde bei folgendem Notar oder öffentlichen Stelle verfasst:

Name   _____

Straße, Hausnummer   _____

Postleitzahl, Ort   _____

Telefon   _____

☐ Ich habe ein handschriftliches Testament verfasst.

Das handschriftliche Testament ist hier zu finden:

_____

_____

Folgende Person habe ich zur Testamentsvollstreckung bestimmt:

Name   _____

Straße, Hausnummer   _____

Postleitzahl, Ort   _____

Telefon   _____

☐ Ich habe kein Testament verfasst. In diesem Fall tritt die gesetzliche Erbfolge in Kraft!

Todesanzeige

☐ Es soll eine Todesanzeige geschaltet werden.

☐ Es soll <u>keine</u> Todesanzeige geschaltet werden.

☐ Meine Angehörigen sollen entscheiden.

Und zwar in folgenden Zeitungen:

_____

_____

_____

_____

_____

Ich wünsche mir folgenden Spruch für die Anzeige:

_____

_____

_____

_____

_____

_____

_____

_____

Ich wünsche mir folgenden Text für die Anzeige:

_____

_____

_____

_____

_____

_____

_____

_____

_____

_____

_____

_____

_____

_____

_____

_____

_____

_____

_____

Todesanzeige

☐ Ich möchte, dass das folgende Foto in der Anzeige erscheint.

Foto hier einkleben

☐ Das Foto liegt in elektronischer Form vor und ist hier gespeichert:

_____

_____

(zum Beispiel: Mein Computer, USB-Stick etc.)

☐ In der Anzeige soll zur Trauerfeier eingeladen werden.

☐ In der Anzeige soll zur Beisetzung eingeladen werden.

☐ In der Anzeige soll zum Reueessen eingeladen werden.

Weitere Ideen und Wünsche zur Traueranzeige:

_____

_____

_____

_____

_____

_____

_____

_____

_____

_____

_____

Trauerkarte

☐   Es soll eine Trauerkarte versendet werden.

☐   Es soll <u>keine</u> Trauerkarte versendet werden.

☐   Meine Angehörigen sollen entscheiden

In der Adressenliste am Ende des Buches, habe ich Personen aufgeführt, die in jedem Fall eine Trauerkarte erhalten sollen.

☐   Meine Angehörigen und Freunde dürfen auch Trauerkarten an deren Angehörigen und Freunde versenden.

Ich wünsche mir folgenden Spruch für die Trauerkarte:

_____

_____

_____

_____

_____

_____

_____

_____

_____

_____

Ich wünsche mir folgenden Text für die Trauerkarte:

_____

_____

_____

_____

_____

_____

_____

_____

_____

_____

_____

_____

_____

_____

_____

_____

Trauerkarte

☐ Ich möchte, dass das folgende Foto für die Trauerkarte verwendet wird.

Foto hier einkleben

☐ Das Foto liegt in elektronischer Form vor und ist hier gespeichert:

_____

_____

(zum Beispiel: Mein Computer, USB-Stick etc.)

☐ In der Trauerkarte soll zur Trauerfeier eingeladen werden

☐ In der Trauerkarte soll zur Beisetzung eingeladen werden

☐ In der Trauerkarte soll zum Reueessen eingeladen werden

☐ Über eine separate Karte werden nur bestimmte Personen zum Reueessen eingeladen. In der Adressenliste am Ende des Buches habe ich Personen aufgeführt, die in jedem Fall zum Reueessen eingeladen werden sollen.

Weitere Ideen und Wünsche zur Trauerkarte:

_____

_____

_____

_____

_____

_____

_____

_____

Trauerfeier

☐ Es soll eine Trauerfeier stattfinden.

☐ Es soll <u>keine</u> Trauerfeier stattfinden.

In der Adressenliste am Ende des Buches, habe ich Personen aufgelistet, die in jedem Fall zur Trauerfeier eingeladen werden sollen.

Die Trauerfeier soll hier stattfinden:

_____

_____

_____

(zum Beispiel: im Bestattungsinstitut, in der Ev. Kirche etc.)

☐ Die Trauerfeier soll im engsten Familienkreis stattfinden.

☐ Die Trauerfeier soll im Familien- und Freundeskreis stattfinden.

☐ Die Trauerfeier soll öffentlich stattfinden.

Folgende Person soll die Trauerfeier leiten:

_____

(zum Beispiel: Pfarrer, Pastor, Trauerredner etc.)

Name _____

Straße, Hausnummer _____

Postleitzahl, Ort _____

Telefon _____

Folgende Lieder sollen auf meiner Trauerfeier gesungen werden:

1. _____
2. _____
3. _____
4. _____
5. _____
6. _____

Folgende Lieder sollen auf meiner Trauerfeier gespielt werden:

1. _____
2. _____
3. _____
4. _____
5. _____
6. _____

Folgende Texte sollen auf meiner Trauerfeier gelesen werden:

1. _____
2. _____
3. _____
4. _____
5. _____
6. _____

☐ Trauerreden sollen auf meiner Trauerfeier <u>nicht</u> gehalten werden!

Ich bitte folgende Personen, auf meiner Trauerfeier eine Rede zu halten:

1. _____

2. _____

3. _____

4. _____

5. _____

Ich bitte folgende Personen, auf meiner Trauerfeier <u>keine</u> Rede zu halten:

1. _____

2. _____

3. _____

4. _____

5. _____

Folgende Personen sollen auf meiner Trauerfeier singen bzw. musizieren:

1. _____

2. _____

3. _____

4. _____

☐ Ich habe einen persönlichen Abschiedstext verfasst. Dieser Text soll auf meiner Trauerfeier vorgelesen werden.

Mein Abschiedstext:

_____

_____

_____

_____

_____

_____

_____

_____

_____

_____

_____

_____

_____

_____

_____

_____

_____

_____

_____

_____

_____

_____

_____

_____

_____

_____

_____

_____

_____

☐ Der Abschiedstext liegt in elektronische Form vor und ist
hier zu finden:

_____

(zum Beispiel: Mein Computer, USB-Stick etc.)

Der Text soll von folgender Person vorgelesen werden:

_____

(Name der Person)

☐ Ich habe ein persönliches Abschiedsvideo aufgenommen. Dieser Film soll auf meiner Trauerfeier gezeigt werden.

Das Video ist hier zu finden:

_____

_____

☐ Ich habe eine persönliche Audioaufnahme aufgenommen. Diese soll auf meiner Trauerfeier abgespielt werden.

Die Aufnahme ist hier zu finden:

_____

_____

Weitere Ideen und Wünsche zur Trauerfeier:

_____

_____

_____

_____

_____

_____

_____

_____

_____

Beisetzung

Ich wünsche folgende Bestattung:

☐ Erdbestattung (Sargbestattung)

    ☐ In unserem Familiengrab

    ☐ In einem Reihengrab

    ☐ In einem Wahlgrab

    ☐ In einem anonymen Erdgrab

☐ Feuerbestattung (Kremation)

    ☐ In unserem Familiengrab

    ☐ In einem Urnen-Erdgrab

    ☐ In einem Kolumbarium (Urnen-Nischenwand)

    ☐ In einem anonymen Urnengrab

☐ Seebestattung

☐ Flugbestattung

☐ Baumbestattung

☐ Naturbestattung

☐ Öko-Bestattung

☐ _____

Hinweise und Wünsche zur Bestattungsart:

_____

_____

_____

_____

_____

_____

_____

_____

_____

_____

_____

_____

_____

_____

_____

_____

_____

_____

_____

_____

_____

Ich möchte hier beigesetzt werden:

Platz, Friedhof etc. _____

Land _____

Ort _____

_____

(zum Beispiel: Nordfriedhof, Ostsee, Begräbniswald etc.)

☐ Ich wünsche keine Beisetzung, sondern möchte meinen Leichnam an die Anatomie zu Forschungs- oder Präparationszwecke spenden. Mein Körper soll an die folgende Einrichtung übergeben werden:

Name der Einrichtung _____

Straße, Hausnummer _____

Postleitzahl, Ort _____

Telefon _____

Hinweise und Notizen:

_____

_____

_____

_____

_____

_____

☐ Ich wünsche eine anonyme Bestattung. Meine Asche soll auf hoher See verstreut werden. Und zwar hier:

_____

☐ Ich wünsche eine anonyme Bestattung. Ich möchte hier bei-gesetzt werden:

_____

☐ Ich wünsche eine anonyme Bestattung. Ich möchte, dass meine Asche in freier Natur verstreut wird. Und zwar hier:

_____

☐ Meine Angehörigen sollen über den Ort meiner Beisetzung entscheiden.

☐ Die Einäscherung soll durch folgendes Krematorium durch-geführt werden:

Name _____

Straße, Hausnummer _____

Postleitzahl, Ort _____

Wünsche und Notizen:

_____

_____

_____

_____

_____

☐ Ich bin im Besitz einer Grabstelle. Hier möchte ich beigesetzt werden.

Friedhof _____

Straße, Hausnummer _____

Postleitzahl, Ort _____

Feldnummer _____

Grabnummer _____

Anmerkung _____

Entsprechende Unterlagen sind hier zu finden:

_____

_____

_____

☐ Ich habe bereits einen Sarg/Urne ausgesucht. Entsprechende Unterlagen sind hier zu finden:

_____

_____

Die Liegedauer für mein Grab soll

mindestens _____ Jahre dauern.

☐ Ich möchte nur in einem Leichentuch beigesetzt werden.

☐ Die Beisetzung soll im engsten Familienkreis stattfinden.

☐ Die Beisetzung soll im Familien- und Freundeskreis stattfinden.

☐ Die Beisetzung soll öffentlich stattfinden.

Folgende Person soll meine Beisetzung leiten:

_____

(zum Beispiel: Pfarrer, Pastor, Trauerredner etc.)

Name _____

Straße, Hausnummer _____

Postleitzahl, Ort _____

Telefon _____

Folgender Spruch soll auf meiner Beisetzung vorgelesen werden:

_____

_____

_____

_____

_____

_____

_____

_____

Folgende Gebete, Psalmen etc. sollen auf meiner Beisetzung gesprochen werden:

☐ Vaterunser

1. _____

2. _____

3. _____

4. _____

5. _____

☐ Mein Sarg bzw. meine Urne soll von Sargträger des Bestattungsinstituts zum Grab begleitet werden.

☐ Mein Sarg bzw. meine Urne soll von folgenden Personen zum Grab begleitet werden:

Name der 1. Person _____

Name der 2. Person _____

Name der 3. Person _____

Name der 4. Person _____

Name der 5. Person _____

Name der 6. Person _____

☐ Von Beileidsbekundungen an meinem Grab bitte ich abzusehen.

Ich habe noch folgende Wünsche für meine Beisetzung

_____

_____

_____

_____

_____

_____

_____

_____

_____

_____

_____

_____

_____

_____

_____

_____

_____

Beisetzung

Kleidung

Ich möchte folgende Kleidungsstücke während meiner Beisetzung und Aufbahrung tragen:

Oberteil:

_____

_____

(zum Beispiel: blaues Hemd, karierte Bluse)

Hose, Rock, Kleid:

_____

_____

(zum Beispiel: Schwarze Jeans, Anzug, gelbes Kleid)

Schuhe

_____

_____

(zum Beispiel: braune Lederschuhe)

Schmuck:

_____

_____

(zum Beispiel: Perlenkette)

☐ Folgende Personen sollen, wenn möglich, beim Ankleiden helfen:

1. _____

2. _____

3. _____

4. _____

5. _____

☐ Das Ankleiden soll vom Bestattungsinstitut vorgenommen werden. Angehörige und Freunde sollen <u>nicht</u> dabei sein.

☐ Folgende Personen sollen, wenn möglich, beim Einsargen helfen:

1. _____

2. _____

3. _____

4. _____

5. _____

☐ Das Einsargen soll vom Bestattungsinstitut vorgenommen werden. Angehörige und Freunde sollen <u>nicht</u> dabei sein.

Meine Gäste möchte ich bitten, folgende Kleidung zu tragen:

_____

_____

(zum Beispiel: weiße Kleidung, farbige Kleidung, schwarze Kleidung)

Blumenschmuck

☐ Ich wünsche eine Blumendekoration bei der Trauerfeier und der Beisetzung.

☐ Ich wünsche keine Blumendekoration bei der Trauerfeier und der Beisetzung.

☐ Das Geld für Blumenschmuck soll an eine Organisation bzw. Privatperson gespendet werden, und zwar an:

Name _____

Straße, Hausnummer _____

Postleitzahl, Ort _____

Telefon _____

Dies sind meine Lieblingsfarben und sollen bevorzugt bei der Blumendekoration berücksichtigt werden:

1. _____

2. _____

3. _____

Folgender Florist soll, wenn möglich, meine Blumendekoration anfertigen:

Name _____

Straße, Hausnummer _____

Postleitzahl, Ort _____

Telefon _____

Ich mag besonders folgende Blumen. Diese sollen für eine Blumendekoration bevorzugt verwendet werden:

1. _____

2. _____

3. _____

4. _____

5. _____

Folgende Blumen mag ich überhaupt <u>nicht</u> und sollen keinesfalls für eine Blumendekoration verwendet werden:

1. _____

2. _____

3. _____

4. _____

5. _____

Ich habe noch folgende Wünsche für die Blumendekoration:

_____

_____

_____

_____

_____

_____

Reueessen / Leichenschmaus

☐ Es soll ein Reueessen stattfinden.

☐ Es soll <u>kein</u> Reueessen stattfinden.

☐ Meine Angehörigen sollen entscheiden.

In der Adressenliste am Ende des Buches, habe ich Personen aufgelistet, die in jedem Fall zum Reueessen eingeladen werden sollen.

Das Reueessen soll hier stattfinden:

Veranstaltungsort _____

Straße, Hausnummer _____

Postleitzahl, Ort _____

Telefon _____

☐ Das Reueessen soll im engsten Familienkreis stattfinden.

☐ Zum Reueessen sollen meine Familie, meine Freunde und Bekannte eingeladen werden.

Ich habe noch folgende Wünsche zum Reueessen:

_____

_____

_____

_____

_____

Danksagung

☐ Es soll eine Danksagungskarte versendet werden.

☐ Es soll <u>keine</u> Danksagungskarte versendet werden.

☐ Meine Angehörigen sollen entscheiden.

Ich wünsche mir folgenden Spruch für die Danksagungskarte:

_____

_____

_____

_____

_____

_____

_____

Ich wünsche mir folgenden Text für die Danksagungskarte:

_____

_____

_____

_____

_____

_____

_____

☐ Ich möchte, dass das folgende Foto für die Danksagungskarte verwendet wird.

Foto hier einkleben

Danksagung

☐ Das Foto liegt in elektronischer Form vor und ist hier gespeichert:

_____

_____

(zum Beispiel: Mein Computer, USB-Stick etc.)

Weitere Ideen und Wünsche zur Danksagung:

_____

_____

_____

_____

_____

_____

_____

_____

_____

_____

_____

_____

_____

_____

Grabmahl

Meine Grabstätte soll folgendermaßen gestaltet werden:

☐ Ich wünsche keinen Grabstein.

☐ Meine Angehörigen sollen dies festlegen.

☐ Folgende Person soll die Gestaltung übernehmen:

Name _____

Straße, Hausnr. _____

Ort _____

Telefon _____

Weitere Ideen und Wünsche zur Grabgestaltung:

_____

_____

_____

_____

_____

_____

_____

_____

_____

_____

_____

Adressenliste

In der folgenden Liste habe ich wichtige Adressen zusammen-gestellt. Personen, die unverzüglich über meinen Tod benachrich-tigt werden sollen, habe ich mit einem Kreuz bei „Benachrichti-gung" gekennzeichnet. Alle, die eine Trauerkarte oder eine Einladung zum Leichenschmaus erhalten sollen, sind ebenfalls markiert.

Name _____

Straße, Hausnummer _____

Postleitzahl, Ort _____

Telefon _____

E-Mail _____

Anmerkung _____

☐ Benachrichtigung   ☐ Trauerkarte   ☐ Reueessen

Name _____

Straße, Hausnummer _____

Postleitzahl, Ort _____

Telefon _____

E-Mail _____

Anmerkung _____

☐ Benachrichtigung   ☐ Trauerkarte   ☐ Reueessen

Name   _____

Straße, Hausnummer   _____

Postleitzahl, Ort   _____

Telefon   _____

E-Mail   _____

Anmerkung   _____

☐ Benachrichtigung   ☐ Trauerkarte   ☐ Reueessen

Name   _____

Straße, Hausnummer   _____

Postleitzahl, Ort   _____

Telefon   _____

E-Mail   _____

Anmerkung   _____

☐ Benachrichtigung   ☐ Trauerkarte   ☐ Reueessen

Name   _____

Straße, Hausnummer   _____

Postleitzahl, Ort   _____

Telefon   _____

E-Mail   _____

Anmerkung   _____

☐ Benachrichtigung   ☐ Trauerkarte   ☐ Reueessen

Name   _____

Straße, Hausnummer   _____

Postleitzahl, Ort   _____

Telefon   _____

E-Mail   _____

Anmerkung   _____

☐ Benachrichtigung   ☐ Trauerkarte   ☐ Reueessen

Name   _____

Straße, Hausnummer   _____

Postleitzahl, Ort   _____

Telefon   _____

E-Mail   _____

Anmerkung   _____

☐ Benachrichtigung   ☐ Trauerkarte   ☐ Reueessen

Name   _____

Straße, Hausnummer   _____

Postleitzahl, Ort   _____

Telefon   _____

E-Mail   _____

Anmerkung   _____

☐ Benachrichtigung   ☐ Trauerkarte   ☐ Reueessen

Name   _____

Straße, Hausnummer   _____

Postleitzahl, Ort   _____

Telefon   _____

E-Mail   _____

Anmerkung   _____

☐ Benachrichtigung   ☐ Trauerkarte   ☐ Reueessen

Name   _____

Straße, Hausnummer   _____

Postleitzahl, Ort   _____

Telefon   _____

E-Mail   _____

Anmerkung   _____

☐ Benachrichtigung   ☐ Trauerkarte   ☐ Reueessen

Name   _____

Straße, Hausnummer   _____

Postleitzahl, Ort   _____

Telefon   _____

E-Mail   _____

Anmerkung   _____

☐ Benachrichtigung   ☐ Trauerkarte   ☐ Reueessen

Name _____

Straße, Hausnummer _____

Postleitzahl, Ort _____

Telefon _____

E-Mail _____

Anmerkung _____

☐ Benachrichtigung   ☐ Trauerkarte   ☐ Reueessen

Name _____

Straße, Hausnummer _____

Postleitzahl, Ort _____

Telefon _____

E-Mail _____

Anmerkung _____

☐ Benachrichtigung   ☐ Trauerkarte   ☐ Reueessen

☐ Weitere Personen habe ich auf einem gesonderten Blatt
aufgeführt und diesem Buch beigefügt.

Notizen

Index

Index